¿Qué fue el Tren Clandestino?

Un día de marzo de 1849, dos hombres lanzaron un gran cajón de madera a un barco de vapor que estaba a punto de zarpar hacia Washington, D.C. por el río Potomac. A nadie le importó cómo cayó el cajón. Los hombres pensaban que contenía algo ordinario. Pero estaban equivocados. Dentro iba un hombre real y vivo. Su nombre era Henry Brown.

Era un esclavo que escapaba de Virginia. Esperaba llegar a Filadelfia, Pensilvania. Allí sería libre; siempre y cuando los cazadores de esclavos no lo encontraran y lo llevaran de regreso al Sur.

El cajón que llevaba a Henry cayó volteado. ¡Ahora estaba de cabeza! Tenía miedo y, ay, ¡cómo le dolía la cabeza! ¿Llegaría algún día a Filadelfia? No lo sabía.

Aunque iba en un barco de vapor, Henry viajaba en algo llamado "el Tren Clandestino". El Tren Clandestino no era un tren de verdad, con vías de metal y vagones de pasajeros. Nadie sabe con seguridad de dónde salió su nombre. Significaba la ruta de escape que los esclavos afroamericanos tomaban para alcanzar la libertad.

Una historia cuenta que en 1831, un esclavo llamado Tice Davids escapó de Kentucky a Ohio. Kentucky permitía la esclavitud. Ohio era un estado libre.

Cuando el amo de Davids se enteró, quedó impactado. Era como si Tice Davids se hubiera

desvanecido en el aire. El amo bromeó diciendo que su esclavo "debió haberse ido en un tren clandestino". ¿Es verdadera esta historia? Nadie lo sabe con seguridad. Pero el término Tren Clandestino se volvió popular.

Los esclavos escapaban a los estados libres y a Canadá de cualquier forma que podían. Muchas veces recorrieron cientos de millas a pie. Iban escondidos en carretas. Iban en tren y en barco. Muchas veces salían de noche para evitar ser capturados. Personas blancas y afroamericanas los ayudaban en el camino. Estas personas eran llamadas *conductores*.

1860

:::: ESTADO LIBRE

||||| ESTADO ESCLAVISTA

Los viajes eran temibles y estaban llenos de peligros. Si eran atrapados, los esclavos serían enviados de regreso y se les castigaría duramente. Pero el peligro no los detuvo. La libertad hacía que valiera la pena. Esta es la historia de algunas de esas personas, quiénes fueron, a dónde escaparon, qué les pasó en el camino y de qué manera cambió su vida.

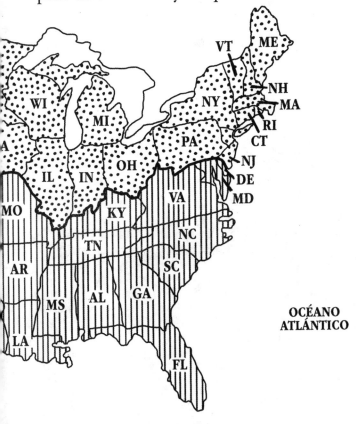

Capítulo 1
El comercio de esclavos

En 1619, un barco atracó en Jamestown, Virginia. Llevaba cerca de veinte personas que fueron raptadas de sus casas en el oeste de África. Estos fueron los primeros esclavos traídos a Estados Unidos.

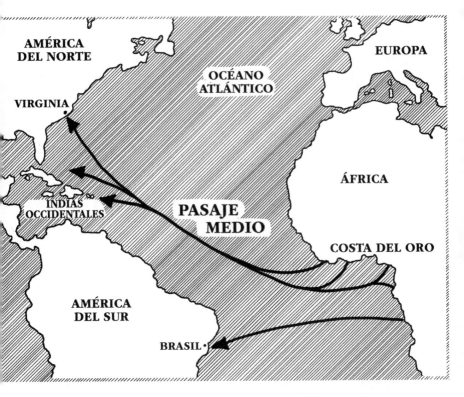

Ya en 1860, había casi cuatro millones de esclavos en Estados Unidos. Virginia y otros estados del Sur dependían del trabajo gratuito de los esclavos que trabajaban en los campos de sus granjas, llamadas plantaciones. Cada año traían más esclavos. Llegaban en barcos de esclavos. El viaje desde África a través del océano Atlántico era conocido como el Pasaje Medio.

El viaje generalmente duraba de cuatro a seis semanas. Sin embargo, podía llegar a durar hasta doce semanas. Hasta el viaje más corto era horrible. El capitán tenía dos formas de llenar el barco de esclavos: empaquetado suelto y empaquetado apretado.

En el empaquetado suelto, el capitán no llevaba tantos esclavos como cupieran en su barco. Con más espacio y aire para los esclavos a bordo era menos probable que se enfermaran y murieran. Los esclavos sanos se vendían a mejor precio.

El empaquetado apretado era mucho peor. El capitán llenaba el barco con tantos esclavos como fuera posible. Los esclavos viajaban apretados como sardinas en espacios que a veces no tenían más de dieciocho pulgadas de alto. Apenas había espacio para moverse o incluso respirar. Eso no le importaba al capitán. Pensaba que entre más esclavos hubiera a bordo, más dinero haría en Estados Unidos. Si algunos esclavos morían, no importaba.

¿Cómo era un barco de esclavos? A los esclavos generalmente les encadenaban las muñecas con los tobillos. No había baños. Tenían que usar cubetas. Sin forma de mantener el espacio limpio, los

esclavos contraían enfermedades como la gripe y la viruela. Para ahorrar dinero, algunos capitanes llevaban muy poca comida. Por lo tanto, muchos esclavos morían de hambre. El Pasaje Medio era tan horrible que algunos esclavos preferían saltar al agua y ahogarse. O simplemente dejaban de comer.

Si sobrevivían el viaje a Estados Unidos, los esclavos eran vendidos en subastas. Es decir, la gente blanca ofrecía dinero para comprarlos, igual que si estuvieran comprando un caballo o una vaca. Cada esclavo era vendido a la persona que ofrecía más

dinero. Las subastas eran anunciadas con letreros y en los periódicos. En una subasta se exhibían a los hombres, mujeres y niños africanos que acababan de llegar. La gente blanca llegaba con antelación para inspeccionar a los esclavos. Les abrían la boca para revisarles los dientes. Les pellizcaban los músculos para medir su fuerza. A nadie le importaba cómo se sentían los esclavos. No los consideraban seres humanos.

En las subastas se separaba a las familias. Después de que una madre era vendida, a veces tenía que ver cómo uno de sus hijos era vendido a un amo de otro estado. Le arrancaban al bebé de los brazos y ella no podía hacer nada. Maridos y mujeres, padres y madres, hermanas y hermanos muchas veces eran enviados a vivir en plantaciones alejadas unas de otras. En la mayoría de los casos, nunca se volvían a ver.

En 1808, Estados Unidos acabó con el comercio de esclavos. Ya no se podría traer esclavos a Estados Unidos. Pero las leyes no cambiaron la situación de los esclavos que ya estaban en el país. Todavía eran esclavos. Y sus hijos y nietos nacerían siendo esclavos. Entonces el número de esclavos en Estados Unidos creció y creció. La única esperanza de una vida mejor para estos afroamericanos era escapar.

Capítulo 2
La vida en una plantación

La esclavitud echó raíces en los estados del Sur porque había mucha tierra cultivable. Las grandes plantaciones necesitaban muchos trabajadores para ocuparse de los cultivos. Y los esclavos trabajaban gratis. En el siglo XVII, muchas plantaciones cultivaban tabaco. En el siglo XVIII, los grandes cultivos

en el Sur eran el arroz y el índigo. En el siglo XIX, el cultivo principal era el algodón.

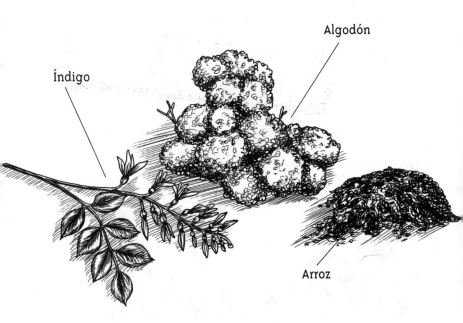

Índigo

Algodón

Arroz

Primero, los esclavos tenían que arrancar pequeñas bolas de algodón de las plantas. Después, debían limpiar las bolas de algodón y dejarlas listas para el hilandero. Más tarde, el algodón se ponía a girar hasta formar el hilo que por último se convertía en tela.

Los dueños de esclavos más ricos vivían en grandes haciendas y tenían hasta cuatrocientos esclavos.

Estos dueños de esclavos vivían como la realeza. Organizaban fiestas y bailes elegantes. Iban de caza. Comían buena comida y vestían ropa cara. También había plantaciones pequeñas. Esas se parecían más a las granjas. Los dueños no eran ricos y tenían solo un par de esclavos. Pero el trabajo de los esclavos era la base de todas las plantaciones, grandes y pequeñas.

Los esclavos no vivían como sus amos. Su vida era principalmente trabajar, trabajar y trabajar más. Si cometían un error, eran golpeados o azotados. Los niños esclavos no iban a la escuela. De hecho, los esclavos tenían prohibido aprender a leer o escribir. No podían votar ni poseer una casa. No podían poseer nada.

Algunos esclavos trabajaban en los campos de cultivo. Un esclavo del campo trabajaba desde el amanecer hasta el atardecer. Las mujeres trabajaban tan duro como los hombres. Las mujeres embarazadas trabajaban en los campos hasta el momento de tener a sus bebés. Luego trabajaban con sus bebés amarrados a la espalda. Los niños mayores de doce años tenían que trabajar tan duro como los adultos.

Los esclavos del campo eran vigilados todo el día por un mayoral que tenía un látigo. El mayoral era generalmente un hombre blanco. Se aseguraba de que los esclavos no perdieran ni un minuto. Si lo hacían, un golpe del látigo los hacía regresar al trabajo. Los esclavos del campo normalmente vivían en chozas pequeñas con piso de tierra. En invierno, las chozas estaban heladas. En vez de camas, solo tenían unas cobijas ásperas y, a veces, algo de paja.

Al final de un largo día en el campo, los esclavos de las plantaciones de algodón tenían que hacer una fila. Se pesaba el algodón. Tenían que recoger por lo menos doscientas libras de algodón al día.

Los esclavos del campo tenían los domingos
libres. A veces se les daba también la tarde del sábado
libre. Pero nunca durante la temporada de cosecha.
Entonces, tenían que trabajar jornadas de dieciocho
horas.

Los esclavos domésticos trabajaban sobre todo dentro de la casa. Limpiaban, cocinaban, servían las comidas y cuidaban a los niños del amo. Atendían a los comensales, lavaban, planchaban, barrían, sacudían el polvo y mantenían los jardines. Los esclavos domésticos también tejían, remendaban, hacían colchas e hilaban. Algunos esclavos aprendieron a hacer encajes.

Los esclavos domésticos generalmente vivían en armarios o esquinas de la Casa Grande, aunque

sus familias vivieran en las chozas para esclavos. Aunque no tenían los domingos libres, la mayoría de los esclavos domésticos vivían mejor que los esclavos del campo. Algunos incluso aprendieron a leer y escribir.

Ya fuera en el campo o en la casa, adentro o afuera, una cosa era cierta: la vida de un esclavo era una pesadilla. El sueño de todo esclavo era ser libre.

Capítulo 3
La abolición

En una época, la esclavitud existió en todo Estados Unidos. Incluso en el Norte. De hecho, Benjamín Franklin, uno de los padres fundadores, fue dueño de algunos esclavos por muchos años, hasta que vio la esclavitud como un mal. Las trece colonias originales permitían la esclavitud. Sin embargo, con el tiempo, la esclavitud desapareció en el Norte. Ya en 1804, era ilegal en Vermont, Pensilvania, Massachusetts, New Hampshire, Connecticut, Rhode Island, Nueva York y Nueva Jersey.

En 1787, cuando se creó el Territorio del Noroeste, la esclavitud no se permitió allí. Así que todos los estados creados a partir de ese territorio eran estados libres: Ohio, Indiana, Illinois, Míchigan, Wisconsin y Minnesota. Además, Iowa, Maine,

California, Oregón y Kansas fueron admitidos antes de la Guerra Civil como estados libres.

En 1861, cuando comenzó la Guerra Civil, había diecinueve estados libres y quince estados esclavistas. También había ocho territorios libres, que eran áreas que todavía no eran estados oficialmente.

¿Por qué las cosas eran tan diferentes en el Norte?

La gente que vivía en los estados del Norte no necesitaba grandes cantidades de trabajadores del campo como la gente del Sur. La mayoría de las granjas del Norte eran pequeñas porque la tierra no era tan buena para cultivar. Más y más personas se volvieron tenderos, artesanos, empleados de fábricas y comerciantes.

Desde el momento en que nació Estados Unidos, había personas que pensaban que la esclavitud era algo malo. Querían que desapareciera. Algunos podían aceptar que terminara poco a poco. Pero otros querían acabar, o abolir, la esclavitud inmediatamente. A estas personas se les llamaba abolicionistas.

¿Qué presidentes tuvieron esclavos?

Estos doce presidentes tuvieron esclavos. Ocho de ellos tuvieron esclavos durante su presidencia.

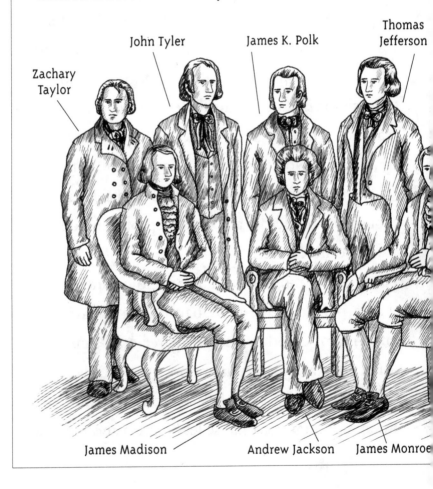

Zachary Taylor

John Tyler

James K. Polk

Thomas Jefferson

James Madison

Andrew Jackson

James Monroe

Otros cuatro tuvieron esclavos en algún momento de su vida.

George
Washington

Andrew Johnson

Martin Van Buren

Ulysses S. Grant

William Henry
Harrison

William Lloyd Garrison fue un líder del movimiento abolicionista estadounidense. Garrison era un niño pobre de Massachusetts. Primero trabajó como impresor y luego se convirtió en escritor y editor. En 1831, publicó el primer número de un periódico llamado *The Liberator*. Desde sus páginas, pedía que se acabara con la esclavitud inmediatamente. Garrison era conocido y admirado por sus creencias firmes y su intensa forma de expresarlas.

Junto con Arthur Tappan y otros, Garrison fundó la Sociedad Antiesclavista Estadounidense. La sociedad comenzó sus actividades en 1833. Ya en 1838, tenía 1,350 capítulos en diferentes localidades y 250,000 miembros. Algunos habían sido esclavos en el pasado, como Frederick Douglass y William Wells Brown. Ellos daban discursos para atraer a otras personas a la causa. La oficina central de la sociedad estaba en la ciudad de Nueva York, y de 1840 a 1870, publicó un periódico semanal. Se llamaba el *National Anti-Slavery Standard*.

Muchos abolicionistas eran cuáqueros. Los cuáqueros eran un grupo cristiano que se inició en Inglaterra en 1648 y que creía que las personas debían temblar ante la palabra del Señor. El nombre de cuáqueros viene de la palabra inglesa *quake* que significa temblor. Los cuáqueros vestían ropa simple y llevaban una vida sencilla. No poseían muchas cosas. Hoy todavía existen los cuáqueros. Ellos hacen sus oraciones en casas de reunión y sin pastores. Cada miembro tiene derecho a hablar. La igualdad es parte importante de la religión cuáquera. Por eso, cuáqueros como John Woolman (de Nueva Jersey) y Thomas Garrett (de Pensilvania) fueron de los primeros en criticar abiertamente la esclavitud.

La esclavitud no desapareció del todo hasta 1865, al final de la Guerra Civil. Hasta entonces, muchos abolicionistas participaron en el Tren Clandestino. Algunos se convirtieron en conductores que ayudaron a los esclavos a escapar. Sus casas, tiendas, establos y graneros se usaron como estaciones de seguridad del Tren Clandestino, lugares donde los

esclavos se podían esconder. John Fairfield, quien venía de una familia que tenía esclavos, se volvió un conductor famoso. A diferencia de los pacifistas cuáqueros, Fairfield llevaba un arma. Ayudó a cientos de esclavos a escapar, muchas veces haciéndose pasar por el dueño de los esclavos.

Aunque se ponían ellos mismos en riesgo, los conductores del Tren Clandestino lo hacían para ayudar a la gente que no era libre.

Capítulo 4
Un camino a la libertad

En la década de 1820, un hombre blanco llamado John Rankin se mudó del estado de Tennessee, donde se permitía la esclavitud, al estado libre de Ohio. Compró una casa en un pueblo a orillas del río Ohio. Cada noche, John Rankin elevaba una farola a lo alto de un poste que había frente a su jardín. ¿Por qué lo hacía?

Los esclavos que escapaban de Tennessee tenían que cruzar el río Ohio, y John Rankin quería ayudarlos.

La farola mostraba el camino hacia el río. La farola era como un faro y una guía. También era una señal de que la casa de Rankin era segura para los esclavos. Podían parar allí y conseguir comida, refugio y ropa antes de continuar su camino.

John Rankin se hizo famoso por ayudar a los esclavos a escapar. Los dueños de las plantaciones estaban furiosos con él. Algunos cruzaron el río y atacaron su casa. Incluso intentaron incendiarla. Pero nada detuvo a Rankin. Siguió ayudando a los fugitivos hasta que la esclavitud fue declarada ilegal.

Por la misma época, un cuáquero llamado Levi Coffin vivía en Newport, Indiana. Indiana era un estado libre que compartía frontera con Kentucky, un estado esclavista. No obstante, incluso en Indiana, muchas personas no veían nada malo en la esclavitud.

Coffin y su esposa, Catherine, por el contrario, odiaban la esclavitud. Si podían ayudar a los esclavos que escapaban de Kentucky, por supuesto que lo hacían. Los Coffin no solo les daban comida y ropa a los fugitivos, a veces Levi Coffin los llevaba a otra casa segura más al norte.

Coffin tenía una carreta especial con un compartimento secreto en el fondo que podía esconder

a uno o dos esclavos. A veces los escondía debajo de sacos de heno o en cajones.

A principios de la década de 1820, personas como John Rankin y los Coffin trabajaban solos. No eran parte de ningún grupo. Pero alrededor de 1830, los abolicionistas se empezaron a identificar como parte de un equipo. Empezaron a trabajar juntos. Un nuevo lenguaje se había desarrollado. Sus casas y otras paradas seguras eran llamadas *estaciones*. Ellos mismos se llamaban *jefes de estación, conductores* u *operadores*. Las rutas de viaje eran conocidas como *líneas*. Y se referían a los esclavos como *cargamento* o *pasajeros* de este inusual tren a la libertad.

La noticia de la existencia del Tren se extendió por el Sur. Los esclavos que lograban su libertad en el Norte, se podían convertir en conductores. Afroamericanos libres que vivían en el Norte también se convertían en conductores. Todas estas personas ayudaron a que creciera el Tren Clandestino. Ya en la década de 1840, tenían un sistema establecido.

Pero por ser algo secreto, no se llevaban registros. Incluso hoy, no sabemos exactamente cómo operaba el Tren Clandestino. Sabemos que sus redes cubrían Illinois, Indiana, Ohio, Pensilvania, Nueva York, Nueva Jersey y los estados de Nueva Inglaterra.

Los esclavos que escapaban de los estados del Golfo, como Luisiana, Mississippi y Alabama, normalmente viajaban a Illinois, Wisconsin y Míchigan. Los esclavos de la costa del este generalmente viajaban a Pensilvania, Nueva York, Connecticut y Maine. Los esclavos de Texas viajaban en la dirección opuesta, hacia el sur, a México. En México, la esclavitud era ilegal.

Las rutas a la libertad

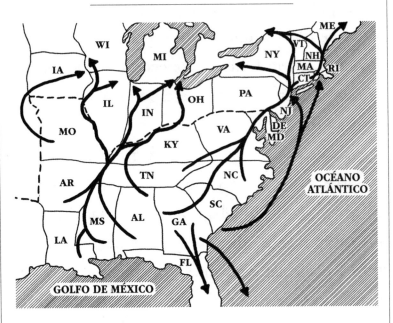

Los esclavos tomaron muchas rutas hacia la libertad.
Los que vivían en Carolina del Norte o Virgina trataban
de llegar a las ciudades de Nueva York, Filadelfia o Boston. Los que vivían en Mississippi iban hacia Cleveland,
Detroit o Chicago. No todos los esclavos viajaron hacia
el Norte. Los que vivían en Georgia podían escapar a los
Everglades, Cuba, Jamaica o Haití.

Con frecuencia, los esclavos escogían el invierno, alrededor de Navidad, para escapar. Tenían días libres por las fiestas, por lo que pasaban varios días antes de que sus dueños los echaran de menos. En invierno, el río Ohio se congelaba y era más fácil cruzar. (Muchas rutas de escape incluían cruzar el río Ohio).

Los esclavos encontraban formas secretas para avisarles a sus amigos sobre sus planes de escape. Muchas veces cantaban mientras trabajaban en los campos. Los mayorales no ponían atención a las letras de las canciones. Con una canción llamada "Deja ir a mi gente" se les informaba a otros

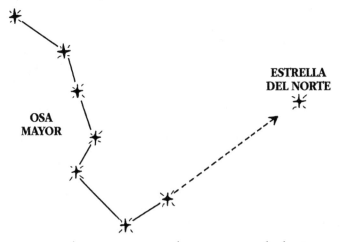

ESTRELLA
DEL NORTE

OSA
MAYOR

esclavos que el cantante estaba a punto de huir.

Los esclavos usaban calabazas vacías como cucharones para el agua. Pero un cucharón (*dipper*, en inglés) también era una palabra en código para Osa Mayor (*The Big Dipper*, en inglés), la constelación que apunta hacia la Estrella del Norte. Los esclavos que escapaban debían seguir la Estrella del Norte para alcanzar la libertad. Por ello la frase "seguir el cucharón" también significaba que los esclavos tratarían de escapar.

A los dueños no les gustaba hablar del Norte. No querían que los esclavos supieran que podían encontrar una vida mejor allá. Muchas veces les mentían. Les decían que en el Norte trataban muy mal a las personas afroamericanas, peor que en las plantaciones. Eso no impedía que los esclavos huyeran. Los dueños también decían que en Canadá hacía demasiado frío para vivir. Un esclavo dijo: "Sabíamos que Canadá era un buen país para nosotros porque el amo estaba muy ansioso de que *no* fuéramos para allá".

En su camino a la libertad, los esclavos no se llevaban nada. Debían mantenerse en movimiento, incluso cuando no sabían hacia dónde los llevaría su siguiente paso.

Debido a que muchos esclavos no sabían leer, no sabían hacia dónde estaba el Norte o cómo llegar allá. Lo único que sabían era que "Norte" significaba que no había esclavitud. Y eso era suficiente.

En el camino, los esclavos buscaban farolas o colchas colgadas en los porches. Una colcha colgada afuera podía ser una señal de una casa segura. Como pasaban tanto tiempo escondidos, les podía tomar a los esclavos semanas o meses viajar distancias cortas que normalmente tomarían unos cuantos días.

Tenían que sobrevivir durmiendo y comiendo muy poco. Lo peor de todo era el miedo.

Así es como lo describió un esclavo llamado Josiah Henson: "Un terrible miedo de ser detectado me acompañaba todo el tiempo. Despertaba lleno de terror, el corazón me latía fuerte contra las costillas y esperaba encontrar perros y cazadores de esclavos persiguiéndome".

Los cazadores de esclavos

Desde Georgia hasta Míchigan, los cazadores de esclavos peinaban los caminos, los muelles y las calles de las ciudades buscando esclavos fugitivos. Muchos llevaban sabuesos entrenados. A veces, un cazador de esclavos arrestaba a la persona equivocada, como a un afroamericano libre. Esto no le importaba al cazador. Solo quería recibir su recompensa. Podían ganar hasta 600 dólares al año cazando esclavos. Eso era mucho dinero en aquellos años.

Henson tenía razones para estar temeroso. Los esclavos eran perseguidos y muchas veces capturados. Los sabuesos los detectaban cuando se escondían en los bosques o pantanos cercanos. Los dueños de las plantaciones podían contratar a un cazador de esclavos para buscar a los esclavos que lograban llegar más lejos. Ellos se ganaban el dinero capturando a los esclavos y regresándolos a sus amos. Patrullaban muelles y estaciones de tren, buscando fugitivos.

Si eran detenidos, los esclavos sufrían castigos severos. Cuando un esclavo llamado George Tinsley trató de escapar, fue perseguido por perros que le rasgaron la ropa y lo mordieron. Luego fue puesto en una picota, una tabla larga con un agujero para la cabeza, y le dieron latigazos.

Los conductores del Tren Clandestino también eran castigados. En 1848, Thomas Garrett recibió una multa de 5,400 dólares por esconder esclavos en Wilmington, Delaware. Eso era mucho dinero en aquellos años. Garrett perdió su casa y casi todo lo que tenía.

En 1844, un capitán de barco llamado Jonathan Walker fue detenido en Pensacola, Florida, ayudando a ocho esclavos a escapar. Fue marcado con un hierro candente en la palma de la mano. Lo marcaron con las letras *SS*, las siglas en inglés de "ladrón de esclavos" (*slave stealer*). Samuel A. Smith, un hombre blanco que ayudó a tres esclavos a escapar de Virginia, fue enviado a prisión por ocho años. En los estados libres, cualquiera que fuera descubierto ayudando o albergando a esclavos fugitivos podía recibir una multa de 1,000 dólares.

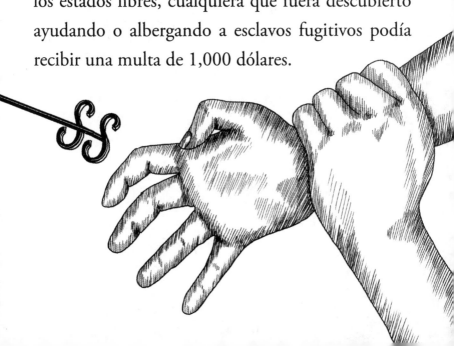

A pesar de tantos peligros para los pasajeros y conductores, no menos de 2,500 esclavos al año "viajaron" hacia la libertad entre 1830 y 1860. La conductora más famosa del Tren Clandestino fue una antigua esclava llamada Harriet Tubman. Fue tan valiente y heroica que merece un capítulo para ella sola.

Capítulo 5
La gran conductora

Harriet Ross Tubman nació en Maryland alrededor de 1820. Sus padres no sabían leer ni escribir por lo que no pudieron registrar la fecha exacta de su nacimiento. Originalmente, la llamaron Araminta o "Minty". Fue la quinta de los nueve hijos de Harriet "Rit" Green y Benjamin Ross.

Su amo era Edward Brodas. Cuando Minty era una niña pequeña, Brodas ofreció sus servicios a otra familia. Minty debía cuidar a un bebé por las noches. Si el bebé lloraba, Minty recibía una serie de latigazos. Dormía en el suelo. No tenía ni colchón ni cobija. Para calentarse, enterraba los pies en las cenizas de la chimenea. Una vez, Minty se robó un cubo de azúcar de la mesa. Nunca antes había probado el azúcar y no pudo resistir. Luego se escondió en un chiquero para retrasar la golpiza que sabía que iba a recibir.

De jovencita, Minty trabajó en el campo. Le gustaba más estar afuera que en la casa. Una vez, un mayoral le aventó una pesa de hierro a otro esclavo, pero le pegó en la cabeza a Minty.

Minty se recuperó, pero sufrió de jaquecas y desmayos por el resto de su vida.

Alrededor de 1844, se casó con un hombre afroamericano libre llamado John Tubman. Fue entonces cuando comenzó a llamarse a sí misma Harriet, como su madre.

En 1849, el Sr. Brodas murió. Harriet escuchó rumores de que la iban a vender. Temiendo lo peor, decidió escapar e irse al Norte. Quería que John se fuera con ella, pero él se negó. Entonces Harriet se fue sola. Empacó un poco de puerco salado, pan de maíz y una colcha que ella misma había cosido y salió de noche. Le dieron refugio en la casa de una mujer cuáquera en Maryland. Cuando se despidió, le regaló la colcha a la mujer.

Harriet viajaba de noche, usando la Estrella del Norte como guía. Tanto blancos como afroamericanos la ayudaron en el camino. Finalmente, llegó a Filadelfia. Como allí vivían muchos cuáqueros que se oponían a la esclavitud, Filadelfia era un destino común entre los esclavos que escapaban. Cuando Harriet llegó, dijo: "Me miré las manos para ver si era yo la misma persona. Había una especie de esplendor sobre todas las cosas. El sol salía entre los árboles, y sobre los campos, y sentí que estaba en el cielo". Pero también estaba la otra cara de la libertad: "No había nadie para recibirme en la tierra de la libertad. Era una extraña en una tierra extraña...".

Harriet consiguió trabajo como sirvienta. Era libre, pero también estaba muy sola. Entonces trazó un plan. Ahorraría dinero y regresaría al

Sur. Ayudaría a escapar al resto de su familia y a otros esclavos. En la década de 1850, Harriet Tubman dirigió entre once y diecinueve viajes a través del Tren Clandestino.

El trabajo de Harriet llamó la atención de los abolicionistas del Norte. Le dieron dinero para que siguiera. Se convirtió en una leyenda. La gente decía que podía ver en la oscuridad, que podía oler el peligro en el aire y que podía cargar a un hombre adulto a la espalda por millas. Estas historias no eran ciertas, pero su fama siguió creciendo.

En 1860, hizo su último viaje como conductora del Tren Clandestino. Continuar ya era demasiado peligroso para ella. Además, la Guerra Civil estalló a principios de 1861. Los estados del Norte ahora luchaban contra los once estados del Sur que mantenían vigente la esclavitud

SE BUSCA

HARRIET TUBMAN

RECOMPENSA

TAMBIÉN CONOCIDA COMO "MOISÉS", MIDE UNOS 5 PIES DE ALTURA Y PESA UNAS 160 LIBRAS. 30 AÑOS DE EDAD

y se habían separado de la Unión. Llamaban a su nuevo país Estados Confederados de Norteamérica. Allí la esclavitud sería siempre legal.

Harriet apoyó activamente al Norte en la guerra. Trabajó de enfermera, atendiendo a los soldados afroamericanos y a cientos de esclavos fugitivos que llegaban a los campamentos del Ejército de la Unión.

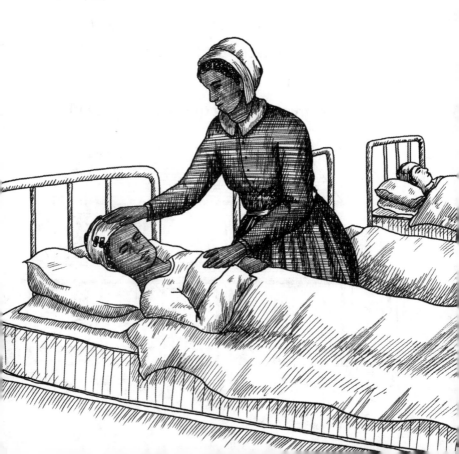

También trabajó como espía detrás de las líneas sureñas. A principios de junio de 1863, se convirtió en la primera mujer al frente de un ataque del ejército. Guió a un coronel y sus tropas de afroamericanos al río Combahee, en Carolina del Sur. Allí destruyeron puentes, vías férreas y pilas de algodón, comida y armas. También liberaron a más de setecientos esclavos.

Después de que el Norte ganara la guerra, por fin se dio fin a la esclavitud. Felizmente, el Tren Clandestino ya no era necesario. Su conductora más famosa regresó a la casa que había comprado en

Auburn, Nueva York. Harriet estaba muy orgullosa de la Casa para Ancianos Harriet Tubman, un lugar donde podían vivir las personas afroamericanas mayores de escasos recursos. Estaba en un terreno junto a su casa en Auburn.

El 10 de marzo de 1913, Harriet Tubman murió. Tenía más de noventa años y había guiado a trescientas personas a la libertad. Una vez le dijo a una multitud: "Yo fui conductora del Tren Clandestino por ocho años, y puedo decir lo que otros conductores no pueden: nunca descarrilé mi tren y nunca perdí ningún pasajero".

Capítulo 6
Entrega especial

El nombre de Harriet Tubman se puede encontrar en casi todos los libros sobre la historia de Estados Unidos. Otros esclavos que escaparon del Sur no son tan famosos, pero sus historias de valentía son igual de importantes.

Henry Brown era un esclavo que vivía con su madre y sus hermanas y hermanos en la Casa Grande de una plantación en Virginia. Su amo no era cruel; pero en 1830, el amo le cedió a Henry a su hijo. Henry tenía solo quince años. Tuvo que mudarse a otro pueblo de Virginia. Extrañaba mucho a su familia. Aun así, trabajaba duro para su nuevo amo. Si no trabajaba, lo golpeaban.

Después de algunos años, Henry conoció a una esclava llamada Nancy y se enamoró. Ella pertenecía a un amo diferente. Los dos amos accedieron a que

se casaran. Henry y Nancy pudieron vivir juntos y
tuvieron hijos. Se sentían afortunados; hasta que el
amo de Nancy perdió todo su dinero. Henry estaba
preocupado. ¿Y si el amo de Nancy la vendía a ella
y a sus hijos?

Tristemente, eso fue lo que pasó. Henry vio
cómo se llevaban a su esposa e hijos. Se los llevaban

a casa de un nuevo amo en Carolina del Norte.
Henry sabía que no los volvería a ver. Sintió que su
corazón se partía en dos.

Durante semanas, Henry sufrió muchísimo.
Este tipo de cosas pasaban porque eran esclavos.
Entonces ya no quiso seguir siendo esclavo.

Tenía que ser libre para poder ir a donde quisiera y hacer lo que quisiera. ¿Pero cómo?

Henry lo pensó y se le ocurrió una idea inusual. Se metería en un cajón de madera. Le pediría a alguien de su confianza que lo "mandara por correo" a una dirección en Filadelfia. Cuando saliera del cajón, ¡sería libre!

Primero consiguió el cajón. Tenía dos pies ocho pulgadas de profundidad, dos pies de ancho y tres pies de largo. Henry no tendría mucho espacio ahí adentro. El cajón estaba forrado con una tela suave de color verde. Eso haría el viaje un poco más cómodo. Llevaría una pequeña bolsa de agua y un poco de pan. El cajón tenía unos agujeros para que entrara el aire. Henry gastó ochenta y seis dólares en el envío. Eso era cerca de la mitad de lo que poseía.

Tantas cosas podían salir mal. Henry se podía lastimar dentro del cajón, o lo podían aplastar. Lo podían descubrir. Entonces lo enviarían de regreso y lo castigarían. Pero Henry estaba decidido.

Henry tenía un amigo; un blanco abolicionista

llamado Samuel A. Smith. Él accedió a ayudar a Henry con el envío. Henry también necesitaba una excusa para no ir a trabajar. Consiguió una botella de un ácido fuerte que se usaba para limpiar metal. ¡Se echó el ácido en la mano! La quemadura le llegó hasta el hueso. Le dolía muchísimo, pero ahora tenía una excusa para quedarse en casa. Smith, que era doctor, le vendó la mano. Acordaron verse a la mañana siguiente, el 23 de marzo de 1849, a las 4:00 a. m.

A la mañana siguiente, a la hora acordada, Henry se encontró con el Dr. Smith. Todavía estaba oscuro afuera. Henry se metió en el cajón y lo sellaron con clavos. El cajón sería enviado a otro abolicionista, William H. Johnson, que vivía en la calle Archer, en Filadelfia. En la tapa del cajón escribieron "ESTE LADO HACIA ARRIBA, CON CUIDADO". El cajón de Henry viajó hacia el Norte por carreta, tren, barco de vapor y ferry. En cierto momento, ¡cayó de cabeza! También podía oír el sonido de las olas. Eso significaba que debía estar en un barco, un barco que iba hacia Washington, D.C.

Era horrible estar metido en un cajón. La sangre se le subió a la cabeza. Sentía la cara muy caliente.

Le dolían los ojos. ¿Y si se le abría la cabeza? Pero Henry no se movió ni hizo ningún ruido.

Por fin el cajón fue entregado en la oficina de Filadelfia. Cuatro hombres, todos abolicionistas, lo recibieron. Un hombre golpeteó en el cajón. "¿Está bien?", preguntó. "¡Estoy bien, señor!", respondió Henry desde adentro. Los hombres abrieron el cajón con un serrucho y un hacha. Henry salió. Había viajado durante veintiséis horas.

Estaba tan feliz de ser libre, que cantó un himno de la Biblia.

Henry recibió comida y ropa. Luego fue a caminar afuera, para respirar aire fresco. Qué bien se debe haber sentido. Henry se convirtió después en vocero de la Sociedad Antiesclavista. Le dieron el apodo de "Cajón", y desde entonces se hacía llamar Henry "Cajón" Brown. Escribió su historia. Primero fue publicada en Boston, en 1849, y después en Manchester, Inglaterra, en 1851.

Cuando fue aprobada la Ley del Esclavo Fugitivo de 1850, Henry huyó a Inglaterra. Allí estaba cien por ciento a salvo. En su nuevo país, continuó expresando su oposición a la esclavitud. Se casó con una mujer blanca e inició una nueva familia. En 1875, regresó a Estados Unidos con un espectáculo de magia familiar. Nadie sabe dónde ni cuándo murió. Pero su escape valiente y arriesgado se volvió parte de la historia del Tren Clandestino.

La Ley del Esclavo Fugitivo de 1850

El Congreso aprobó la Ley del Esclavo Fugitivo en 1850. Si se atrapaba a esclavos fugitivos en cualquier estado, del Norte o del Sur, se tenían que devolver a sus amos. Los abolicionistas la llamaban "Ley de los Sabuesos" por los perros que se usaban para perseguir a los esclavos que escapaban. Estos esclavos no podían pedir un juicio legal ni hablar en favor de sí mismos. Además, cualquiera que ayudara a un esclavo fugitivo podía ser encarcelado por seis meses y multado severamente. Los oficiales de la ley que capturaban a un esclavo fugitivo tenían derecho a un bono o un ascenso.

Henry Brown era un hombre adulto cuando se envió a sí mismo hacia la libertad. Pero muchos de los esclavos fugitivos eran muy jóvenes, apenas habían dejado de ser niños. Es el caso de Caroline Quarlls.

El 4 de julio de 1842, en St. Louis, Missouri, se celebraba el Día de la Independencia. Por toda la ciudad había almuerzos campestres y desfiles. Pero Caroline Quarlls, de dieciséis años, estaba demasiado ocupada para divertirse. Caroline tomó todo su dinero y una caja de ropa. Se dirigía al río Mississippi. Escapaba hacia la libertad.

Las calles estaban atestadas. En su camino hacia los muelles, Caroline debía evitar cruzarse con caballos y con gente. Intentó confundirse entre la multitud. Tenía la piel y el pelo claros, por lo que esperaba pasar por blanca.

En los muelles, vio muchos barcos en el río. Caroline pagó unos cuantos dólares por un boleto para viajar en uno de ellos. El barco la llevó al otro lado del río, al estado libre de Illinois.

Desde allí viajó en diligencia hasta la última parada de la ruta. Terminó en Milwaukee, Wisconsin. Estaba a cuatrocientas millas de su amo, Charles Hall. Pensó que ya estaba a salvo.

Milwaukee era el hogar de muchos afroamericanos libres y antiguos esclavos. Caroline conoció a un barbero que se veía amable y le ofreció un lugar donde quedarse. Caroline aceptó. Estaba temerosa porque incluso aquí, en Milwaukee, había carteles ofreciendo una recompensa por su captura.

Trescientos dólares era mucho dinero. Aunque el barbero había sido esclavo, no podía dejar de pensar en 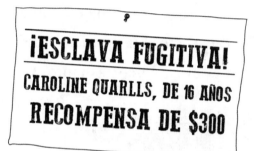 el dinero. Lo haría rico. El barbero terminó diciéndoles a cazadores de esclavos dónde encontrar a Caroline.

Caroline seguía escondida en la casa del barbero. No sabía lo que él había hecho. Alguien tocó la puerta, y ella abrió.

¿Era un cazador de esclavos?

¡No!

Era Asahel Finch, un hombre blanco abolicionista que había escuchado que los cazadores venían a capturar a Caroline y quería avisarle. Caroline escapó a tiempo. Unos minutos después, el barbero llegó con los cazadores de esclavos.

Los cazadores se pusieron furiosos al darse cuenta de que Caroline se había escapado. Golpearon al barbero. Luego fueron de casa en casa buscando a la niña. Mientras tanto, Caroline y Asahel Finch

se dirigían al río. Se arrastraron entre la maleza. Pero sabían que pronto serían descubiertos.

Caroline y Finch encontraron un viejo barril para almacenar azúcar. Estaba casi completamente cubierto de hierba. Finch lo abrió y Caroline se metió adentro. Tras haber cerrado el barril, Finch se alejó corriendo, prometiéndole que volvería.

Cuatro horas después, Caroline seguía en el barril. Adentro hacía calor y estaba estrecho y oscuro. Ya tarde en la noche, Caroline escuchó una voz. ¡Alguien venía! ¿Era un cazador de esclavos? Debió estar muy asustada. Cuando se abrió la tapa, vio que era Finch. ¡Qué alivio!

Finch llevó a Caroline a una casa segura, una granja en las afueras de Milwaukee. Luego, otros conductores la llevaron a otra "estación" a treinta millas de allí. Era la casa de Samuel y Lucinda Daugherty. Caroline se escondió allí por tres semanas.

Mientras tanto, los cazadores de esclavos no se habían dado por vencidos. Usaron una taberna de

la localidad como centro de operaciones. Desde allí, continuaron la búsqueda.

Los cazadores eran tramposos. Les dijeron a algunas personas que querían *ayudar* a Caroline a regresar a casa y que, si se entregaba, le darían documentos de libertad. Pero era mentira. Caroline siguió escondida en la casa de los Daugherty.

Un día, los cazadores llegaron a casa de los Daugherty. Caroline corrió al sótano. La única forma de salir de allí era por la rampa para papas. La rampa era resbalosa y estrecha. Con su falda larga y sus enaguas, apenas cabía. Pero se apretujó y pudo escalar rampa arriba. Una vez afuera, gateó por un maizal y se escondió. Los cazadores buscaron por todas partes, pero no la encontraron.

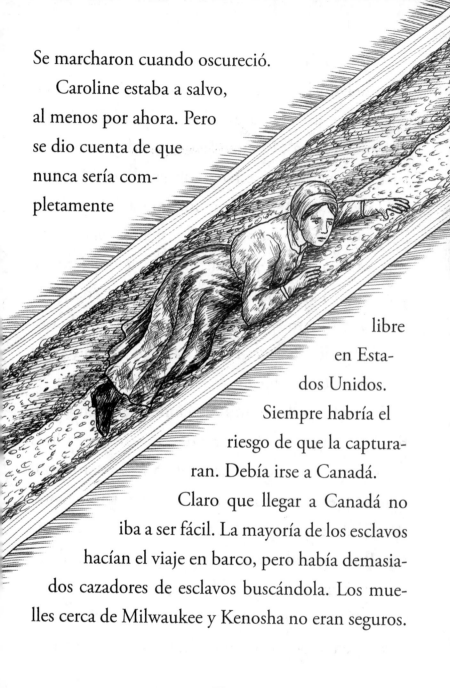

Se marcharon cuando oscureció.

Caroline estaba a salvo,
al menos por ahora. Pero
se dio cuenta de que
nunca sería com-
pletamente

libre
en Esta-
dos Unidos.
Siempre habría el
riesgo de que la captura-
ran. Debía irse a Canadá.

Claro que llegar a Canadá no
iba a ser fácil. La mayoría de los esclavos
hacían el viaje en barco, pero había demasia-
dos cazadores de esclavos buscándola. Los muelles cerca de Milwaukee y Kenosha no eran seguros.

Otra vez la ayudaron dos valientes conductores. Uno se llamaba Lyman Goodnow. Él decidió llevar a Caroline a Canadá él mismo. Decía que iba "a visitar a la reina". Era una frase en código para referirse a Canadá, que estaba gobernada por la reina Victoria de Inglaterra. Con una funda de almohada llena de comida y un poco de dinero, salieron en una carreta jalada por un caballo, con Caroline escondida bajo una pila de paja y una cobija de búfalo. Primero viajaron hacia el Sur, a Illinois, alrededor de Chicago. Luego pasaron por Indiana y subieron por Míchigan.

Pararon en diferentes estaciones del Tren Clandestino. Algunas eran grandes mansiones. Otras eran pequeñas chozas. Se mojaron. Se perdieron. Muchas veces pasaron hambre y se sintieron agotados. Todo el tiempo tenían miedo a ser descubiertos. Pero siguieron viajando por quinientas millas.

Finalmente llegaron al río Detroit, en Míchigan. Allí también había carteles anunciando la recompensa por Caroline. Cazadores de esclavos

merodeaban por los muelles. A pesar de todo, Caroline pudo cruzar el río en un ferry. Cuando bajó en el otro lado, estaba en Sándwich, Canadá. ¡Era libre! Apenas podía creerlo. Estuvo huyendo de julio a octubre de 1842, ¡cuatro meses! Viajó por más de mil millas.

Caroline Quarlls vivió en Canadá por el resto de su vida. Se casó con Allen Watkins y tuvo seis hijos.

Aprendió a leer y escribir. Años después, en 1880, le escribió esto a su antiguo amigo Lyman:

Queridísimo amigo, la pluma y la tinta apenas pueden expresar mi alegría de saber otra vez de ti... Nunca me he olvidado de ti ni de tu amabilidad...

Apenas el cartero me leyó el nombre —tu nombre—, se me llenó el corazón de alegría y gozo.

La niña que una vez se escondió en un barril de azúcar tuvo un dulce final en su viaje en el Tren Clandestino.

Capítulo 8
La fuerza del amor

Los dueños de las plantaciones a veces tenían hijos con sus esclavas. Los bebés nacían siendo esclavos. ¡Su padre era su amo! Era una manera de aumentar la cantidad de esclavos que tenían sin tener que comprarlos.

Ellen Craft, nacida en Clinton, Georgia, era una esclava de este tipo. Tenía la piel muy clara porque su padre era el dueño blanco de una plantación, el mayor James Smith. Su madre era una esclava de casa.

La esposa del mayor Smith no quería a Ellen, y en 1837 le pasó la niña a su hija Eliza, que vivía en Macon, Georgia. Ellen lloró desconsoladamente cuando la separaron de su mamá. Solo tenía once años. Un año después, el mayor Smith y su esposa se mudaron a Macon. Eso mejoró la vida de Ellen.

Ahora podía ver a su mamá más seguido.

Como su madre, Ellen era una esclava doméstica. Aprendió a coser y a hablar correctamente. Era tan buena trabajadora que su ama le permitió vivir sola en una pequeña cabaña detrás de la Casa Grande.

Con el tiempo, Ellen conoció a un esclavo llamado William Craft. Él pertenecía a otro amo.

Cuando era más joven, los padres de William y luego sus hermanas fueron vendidos a diferentes dueños. Ni siquiera pudieron despedirse.

Como William era muy buen carpintero, su amo lo puso a trabajar en un taller de muebles. También trabajaba en un hotel, de mesero. Su amo se llevaba la mayor parte de lo que ganaba, pero William podía quedarse con una pequeña parte. Este poco dinero llegó a ser muy importante más tarde.

William y Ellen se enamoraron. Ellen temía casarse porque había visto demasiadas parejas que sus dueños separaron de por vida. Pero finalmente aceptó. Amaba a William y quería tener hijos, pero no quería que sus hijos fueran esclavos. Ellen decidió que solo había una solución: escapar. ¿Cómo lo harían? Vivían en Macon, Georgia. Esto era el Sur Profundo. Los estados libres más cercanos —Ohio y Pensilvania— estaban a casi ochocientas millas.

William tuvo una idea. Con su piel clara, Ellen podía pasar como persona blanca. Y hablaba como

sus amos. Ellen fingiría ser un caballero del Sur. William fingiría ser su esclavo. Viajarían por tren y barco de vapor hacia el sur de Pensilvania.

William puso en marcha el plan. Usó parte del dinero que había ahorrado para comprar un sombrero de copa. También compró un saco de caballero y unas botas.

Ellen se cosió unos pantalones de hombre. Luego William le cortó el pelo, pero todavía se veía como

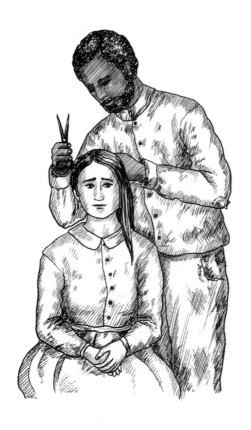

mujer. Entonces le compró unos lentes oscuros y le
ató un pañuelo alrededor de la cara. En esos tiem-
pos, la gente hacía eso cuando le dolía una muela.
¡Sí! El disfraz podría funcionar. Nadie podía ver la
bonita cara de Ellen. Con el sombrero y la ropa,
parecía un hombre.

Se acercaba la Navidad. El ama de Ellen le dio permiso para visitar a unos parientes. Lo mismo hizo el amo de William. Al estar oficialmente una semana lejos de sus dueños, pasarían siete días antes de que los empezaran a buscar. Para entonces, esperaban estar ya en Pensilvania. Solo había un problema más: Ellen no sabía escribir. ¿Y si alguien le pedía al "caballero" escribir su nombre en un boleto? Lo pensaron por días. Entonces se le ocurrió a Ellen amarrarse el brazo con un cabestrillo. Un brazo roto era la excusa perfecta para no escribir.

Cuatro días antes de la Navidad de 1848, William y Ellen salieron en la madrugada.

Tuvieron problemas en cada curva del largo camino. Primero, en la estación de trenes.

No sabían que el jefe de William en el taller de carpintería sospechaba algo y vino a buscarlo. Corrió por la plataforma, mirando por todas las ventanillas del tren. Ellen, disfrazada, iba en el vagón para blancos. Pero William iba en el vagón para afroamericanos. Justo cuando el jefe se acercaba al vagón, el conductor tocó la campana. El tren partió. Los Craft estaban a salvo... por ahora.

En el vagón para blancos, un hombre se sentó junto a Ellen. ¡Oh, no! Era un amigo de sus dueños.

Ellen lo había visto muchas veces. Estaba horrorizada de que la pudiera reconocer. Cuando le habló, ella fingió que no podía oír. Imagina su alivio cuando él se bajó del tren después de unas cuantas paradas.

Esa noche, el tren llegó a Savannah, Georgia. Los Craft se bajaron y tomaron un carruaje hacia la costa, donde abordaron un barco de vapor que iba a Charleston, Carolina del Sur. Ellen se hizo llamar "Sr. Johnson". William era su esclavo. Como ella fingía ser blanca, le dieron un camarote, mientras que William tuvo que quedarse en la cubierta toda la noche. Durmió un par de horas sobre unos sacos de algodón cerca de la chimenea del barco. En la mañana, se levantó exhausto y hambriento.

El Sr. Johnson permitió que su esclavo se acercara a la mesa del desayuno y le dio las sobras de su plato. Algunos de los otros pasajeros no vieron esto con buenos ojos. Le dijeron que "mimaba" a su

esclavo. Esto enojó mucho a Ellen, pero no podía
mostrarlo.

Pasaron otro susto cuando llegaron a Charleston, Carolina del Sur. Cuando Ellen estaba
comprando los dos boletos para el barco de vapor
y el tren a Filadelfia, un empleado le preguntó a

William si pertenecía al Sr. Johnson. William dijo que sí, pero el empleado insistió en que el Sr. Johnson firmara su nombre en el libro de ventas para comprobarlo. El Sr. Johnson señaló su brazo, pero el empleado le dijo que usara su otra mano.

Los Craft estaban aterrados. ¿Qué iba a hacer Ellen?

Por suerte, uno de los pasajeros que conocieron en el barco de vapor a Charleston se acercó.

Dijo que él conocía al Sr. Johnson y respondería por él. Una vez más, los Craft estaban en camino. Viajaron en el barco de vapor por la costa hasta Wilmington, Carolina del Norte.

En Wilmington, bajaron del barco y subieron a otro tren. No habían terminado sus problemas. En el tren, una mujer confundió a William con un esclavo suyo que había escapado. Luego de ver su error, se disculpó, pero siguió hablando de cómo había vendido a la esposa del esclavo. Por eso él huyó, para buscar a su esposa. Cuando el Sr. Johnson murmuró que ella había sido "mala", la

mujer se enojó mucho. Otros pasajeros escuchaban la discusión. Ellen estaba otra vez aterrada. Debía mantener la calma, ¡debía hacerlo! No dijo nada más, pero la mujer siguió parloteando sobre los esclavos malagradecidos que escapaban.

Ellen y William bajaron del tren en Fredericksburg, Virginia. De ahí abordaron un barco de vapor que iba por el río Potomac a Washington, D.C. Era la víspera de Navidad. De Washington, los Craft tomaron un tren a Baltimore, Maryland. Después, solo tomarían un tren más, el que los llevaría a Pensilvania. En Baltimore, tuvieron que lidiar con un jefe de estación que quería ver documentos que probaran que el Sr. Johnson era el dueño de William. Por supuesto Ellen no tenía tales papeles. Pero se mantuvo en calma y dijo con firmeza que ya había comprado los boletos y se iba a quedar en el tren. Funcionó. El jefe de estación los dejó quedarse.

Ellen y William fueron cada uno a un vagón diferente. Estaban exhaustos y se durmieron de inmediato. El día de Navidad, despertaron en Pensilvania. ¡Por fin eran libres!

Claro que para entonces sus amos ya se habrían dado cuenta de que habían escapado. Los cazadores de esclavos los estarían buscando. Debían tener mucho cuidado. Abolicionistas de Pensilvania los enviaron más al norte, a Boston. Ellen encontró trabajo como costurera. William abrió una tienda donde fabricaba armarios y vendía muebles usados. Se hicieron amigos de un antiguo esclavo llamado William Wells Brown. Él los llevó a hacer una gira de conferencias en las que contaron su historia. Se volvieron famosos entre los abolicionistas.

Ni siquiera en Boston estaban a salvo. Un día, un hombre blanco llamado John Knight apareció. Era del taller de muebles donde William trabajó en Macon, Georgia. Knight viajaba con otro hombre llamado Hughes. El dueño de William los había enviado para capturarlos. Knight y Hughes merodeaban por la casa y la tienda de los Craft, esperándolos.

Pero cientos de bostonianos, afroamericanos y blancos, se acercaron a apoyar a los Craft. Los conocían de la gira de conferencias. Estos nuevos amigos

custodiaron la casa de los Craft y amenazaron a los cazadores de esclavos.

Knight y Hughes regresaron a Macon con las manos vacías. Ellen y William agradecieron el apoyo. Pero igual que Henry "Cajón" Brown, decidieron mudarse a Inglaterra. Allá estarían lejos del alcance de los cazadores de esclavos. Antes de dejar Estados Unidos, hicieron algo que habían querido hacer desde hacía mucho tiempo: el 7 de noviembre de 1850 fueron a ver a un pastor para que los casara.

Los cazadores de esclavos patrullaban los muelles de Boston, así que fueron en diligencia a Halifax, en la costa de Canadá, para abordar allí el barco que los llevaría a Inglaterra.

Sin embargo, nada fue fácil para los Craft. Cerca de Halifax, la diligencia se volcó durante una fuerte tormenta.

Ellen y William tuvieron que recorrer a pie, bajo la lluvia, las siete millas que les faltaban para llegar a la ciudad. Compraron los boletos para el

barco. Pero a Ellen le dio neumonía.

En esa época no había antibióticos para detener una enfermedad como la neumonía. Varias veces durante el viaje por el Atlántico, parecía que iba a morir. Pero por fin se recuperó. Unos días antes de la Navidad de 1850, vieron la costa de Inglaterra frente a ellos. Habían pasado casi dos años desde que dejaron Georgia para ser libres.

La vida en Inglaterra era buena. Los Craft fueron a la escuela, administraron una casa de huéspedes y escribieron un libro sobre su largo y difícil viaje. Compraron una casa en las afueras de Londres y formaron una familia. Su hija, sus cuatro hijos y tres hijos adoptados de África cumplieron el sueño de Ellen: los Craft tenían hijos y todos eran libres.

Después de la Guerra Civil, los Craft regresaron a Georgia. Se establecieron en Savannah, donde abrieron una escuela para niños pobres. Ayudaron a sus vecinos enfermos e incluso costearon las bodas de parejas afroamericanas jóvenes. Después de todo, fue la fuerza y permanencia de su amor lo que los ayudó a salvar tantos peligros en su camino a la libertad.

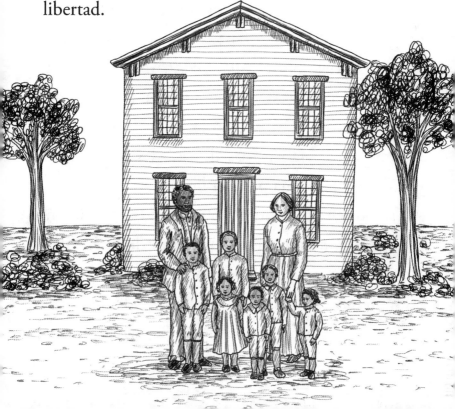

Capítulo 9
El cambio

Al final de la Guerra Civil, en 1865, se abolió la esclavitud en Estados Unidos. Pero los afroamericanos pronto se dieron cuenta de que ser libres no significaba que los tratarían igual que a los blancos. Cien años después, los afroamericanos todavía no eran considerados iguales a los blancos y no tenían los mismos derechos que ellos. Especialmente en el Sur, donde las dos razas vivían separadas.

Este estilo de vida se llamaba segregación. (*Segregar* a una persona significa mantenerla separada).

A los afroamericanos no se les permitía comprar casas en barrios de blancos. No podían asistir a escuelas para blancos, ni comer en restaurantes para blancos, quedarse en hoteles para blancos o ir a lavanderías para blancos. En la fachada de los negocios había carteles que decían SOLO PARA BLANCOS.

Luego, en las décadas de 1950 y 1960, el movimiento de derechos civiles generó grandes cambios.

Los afroamericanos se unieron para exigir igualdad, siguiendo a líderes como Martin Luther King, Jr. Así como se abolió la esclavitud un siglo atrás, la segregación ahora se volvía ilegal.

Un momento clave llegó en 1965 con la Ley del Derecho al Voto, que garantizaba a los afroamericanos el derecho a votar y, por tanto a elegir a los líderes que representarían sus intereses y derechos.

Martin Luther King, Jr.

Martin Luther King, Jr. nació el 15 de enero de 1929 en Atlanta, Georgia. Era hijo de un pastor, y también él se convirtió en pastor y luego en activista de los derechos civiles. A través de marchas y protestas pacíficas, ayudó a terminar con la segregación en el Sur. Dio su famoso discurso *Tengo un sueño* (en inglés, *I Have a Dream*) en agosto de 1963 en una gran marcha en Washington, D.C.

El sueño de King era tener un país donde afroamericanos y blancos vivieran juntos como iguales. Esta es una línea famosa su discurso:

"Sueño con que mis cuatro hijos pequeños vivan en una nación donde no sean juzgados por el color de su piel sino por el contenido de su carácter".

El 4 de abril de 1968, King fue asesinado de un disparo en Memphis, Tennessee. Todavía hoy se le recuerda como uno de los más grandes líderes afroamericanos de la historia.

¿Los prejuicios contra los afroamericanos desaparecerán completamente? Esa pregunta no se puede responder. Los esclavos que huyeron no pretendían ser tratados del mismo modo que los blancos. Solo querían ser libres. ¿Podían Henry "Cajón" Brown o Harriet Tubman imaginarse que en 2008 un hombre afroamericano sería elegido presidente de

Estados Unidos? ¿O que tendría una esposa cuyos antepasados fueron esclavos en el Sur Profundo?

Puede parecer que el cambio tarda demasiado en llegar pero, con el tiempo, siempre llega.

Línea cronológica del Tren Clandestino

1619 — Cerca de veinte personas raptadas en el oeste de África son vendidas en Jamestown, Virginia, convirtiéndose en los primeros esclavos de Norteamérica.

1777 — Vermont es la primera colonia de Norteamérica en abolir la esclavitud.

1808 — Estados Unidos prohíbe el comercio de esclavos, pero algunos esclavos africanos todavía son traídos de contrabando.

1831 — En Boston, William Lloyd Garrison funda el periódico abolicionista *The Liberator*.
Un esclavo llamado Nat Turner encabeza una rebelión en Southamton, Virginia, durante la cual mueren al menos cincuenta y cinco personas blancas.
Trice Davids, un esclavo, escapa de Kentucky a Ohio.

1842 — El Día de la Independencia, Caroline Quarlls, de dieciséis años, cruza el río Mississippi hacia el estado libre de Illinois.

1848 — Ellen y William Craft escapan hacia el Norte disfrazados de un amo y su esclavo.

1849 — Harriet Tubman huye hacia la libertad.
Henry Brown viaja a Filadelfia en un cajón y sale de ahí convertido en un hombre libre.

1861 — Once estados del Sur se separan y forman los Estados Confederados de Norteamérica.

Línea cronológica del mundo

Los peregrinos del *Mayflower* llegan a Plymouth, Massachusetts.	1620
Entre 75,000 y 100,000 personas mueren en Londres a causa de la Gran Plaga.	1665
Se publica la primera enciclopedia.	1751
Se firma la Declaración de Independencia en Filadelfia, Pensilvania.	1776
Termina la Guerra de Independencia.	1783
Eli Whitney inventa la desmotadora de algodón.	1793
Empieza la Guerra de 1812.	1812
El líder de los derechos civiles Frederick Douglass nace como esclavo en Tuckahoe, Maryland.	1818
México se independiza de España.	1821
La esclavitud es abolida en el Imperio Británico.	1833
Victoria se convierte en la reina de Gran Bretaña.	1837
La cabaña del tío Tom de Harriet Beecher Stowe se convierte en un éxito de ventas.	1852
Se libra la Guerra Civil; gana el Norte.	1861–5
Louis Pasteur inventa la pasteurización.	1864
La 13.ª Enmienda de la Constitución de EE. UU. termina con la esclavitud en todo el país.	1865

Colección ¿Qué fue...? / ¿Qué es...?

El Álamo

La batalla de Gettysburg

El Día D

La Estatua de la Libertad

La expedición de Lewis y Clark

La Fiebre del Oro

La Gran Depresión

La isla Ellis

La Marcha de Washington

El Motín del Té

Pearl Harbor

Pompeya

El Primer Día de Acción de Gracias

El Tren Clandestino

Colección ¿Quién fue...? / ¿Quién es...?

Albert Einstein

Alexander Graham Bell

Amelia Earhart

Ana Frank

Benjamín Franklin

Betsy Ross

Fernando de Magallanes

Franklin Roosevelt

Harriet Beecher Stowe

Harriet Tubman

Harry Houdini

Los hermanos Wright

Louis Armstrong

La Madre Teresa

Malala Yousafzai

María Antonieta

Marie Curie

Mark Twain

Nelson Mandela

Paul Revere

El rey Tut

Robert E. Lee

Roberto Clemente

Rosa Parks

Tomás Jefferson

Woodrow Wilson

Mapa de las rutas del Tren Clandestino
en Indiana, Ohio y Michigan

Grabado en madera
de una subasta
de esclavos en
Richmond, Virginia

Los abolicionistas John y Jane Rankin,
de Ohio

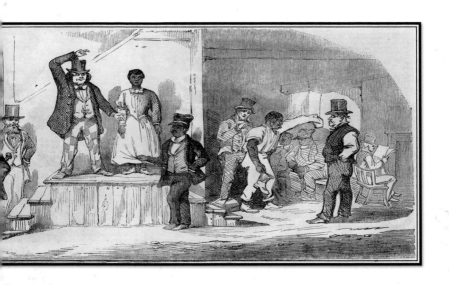

Recd of Judge S Williams Two hundred & fifty Dollars in full Payment for a certain Negro Woman Named Cate aged Thirty six years which Woman I do hereby warrant to be sound and well as also by these presents I do bind myself my heirs and assigns Jointly and severally to warrant and defend her right to The said Williams his heirs and assigns forever In witness whereof I do hereby set my hand and affix my seal This 7th Oct 1840.

Seaborn Ledbetter

George X Gillmore (Seal)
mark

Recibo de 1840 por el pago de 250 dólares por un esclavo varón

Choza para esclavos de la Plantación Hermitage en las afueras de Savannah, Georgia

Anuncio de una "Convención contra los cazadores de esclavos" en Milwaukee, Wisconsin, el 13 de abril de 1854

Un cartel de 1851 advierte a los afroamericanos sobre la Ley del Esclavo Fugitivo

Foto de cinco generaciones de una familia de esclavos en una plantación en Beaufort, Carolina del Sur

Una foto de 1910 del Tío "Billy" Marshall, un conductor
afroamericano del Tren Clandestino de Ripley, Ohio

Retrato de Ellen Craft vistiendo el disfraz que usó
para escapar de la esclavitud

Una imagen tomada entre 1875 y 1880 de trabajadores
afroamericanos en medio de fardos de algodón

Pintura del siglo XIX que muestra a afroamericanos escapando
de la esclavitud

Harriet Tubman (1823 – 1913)
nurse, spy and scout

Harriet Tubman

Sojourner Truth, una antigua
esclava y líder abolicionista,
en 1864

Frederick Douglass en 1856

Esclavos libertos trabajan para el ejército de EE. UU. en Virginia

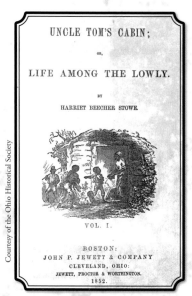

Portadilla de la primera edición, de 1852, de *La cabaña del tío Tom*, novela de Harriet Beecher Stowe contra la esclavitud

Retrato al óleo de 1855 de William Lloyd Garrison, editor fundador del periódico abolicionista *The Liberator*

Ejemplar de *The Liberator*, del 21 de diciembre de 1833

Litografía de 1850 que muestra a Frederick Douglass y a otros
mirando a Henry "Cajón" Brown salir de un cajón

Caroline Quarlls Watkins cuando
vivía en Sándwich, Ontario

George P. Clark, operador
del Tren Clandestino

$200 Reward.

RANAWAY from the subscriber, on the night of Thursday, the 30th of Sepember,

FIVE NEGRO SLAVES,

To-wit : one Negro man, his wife, and three children.

The man is a black negro, full height, very erect, his face a little thin. He is about forty years of age, and calls himself *Washington Reed*, and is known by the name of Washington. He is probably well dressed, possibly takes with him an ivory headed cane, and is of good address. Several of his teeth are gone.

Mary, his wife, is about thirty years of age, a bright mulatto woman, and quite stout and strong.

The oldest of the children is a boy, of the name of FIELDING, twelve years of age, a dark mulatto, with heavy eyelids. He probably wore a new cloth cap.

MATILDA, the second child, is a girl, six years of age, rather a dark mulatto, but a bright and smart looking child.

MALCOLM, the youngest, is a boy, four years old, a lighter mulatto than the last, and about equally as bright. He probably also wore a cloth cap. If examined, he will be found to have a swelling at the navel.

Washington and Mary have lived at or near St. Louis, with the subscriber, for about 15 years.

It is supposed that they are making their way to Chicago, and that a white man accompanies them, that they will travel chiefly at night, and most probably in a covered wagon.

A reward of $150 will be paid for their apprehension, so that I can get them, if taken within one hundred miles of St. Louis, and $200 if taken beyond that, and secured so that I can get them, and other reasonable additional charges, if delivered to the subscriber, or to THOMAS ALLEN, Esq., at St. Louis, Mo. The above negroes, for the last few years, have been in possession of Thomas Allen, Esq., of St. Louis.

WM. RUSSELL.

ST. LOUIS, Oct. 1, 1847.

Anuncio de recompensa por la captura de cinco esclavos
en St. Louis, Missouri, 1847

Elevación de una farola en un poste en Ripley, Ohio,
para guiar a los esclavos fugitivos

Thomas L. Gray frente a su casa en Deavertown, Ohio,
usada como estación del Tren Clandestino

La Casa Magee en Canisteo, Nueva York,
que fue una estación del Tren Clandestino

Grabado en madera de afroamericanos en Washington, D.C.,
el 19 de abril de 1866, celebrando el fin de la esclavitud

Una foto de 1863 de esclavos que consiguieron
su libertad en el Norte